什麼都差不多的哈哈豆

細心處事

新雅文化事業有限公司
www.sunya.com.hk

小跳豆做最好的自己故事系列

培養積極樂觀的正向性格，讓孩子快樂地成長！

擁有正向性格的孩子，會願意主動探索新事物和迎接挑戰。因此，培養幼兒樂觀積極的正向態度非常重要。

《小跳豆做最好的自己故事系列》共10冊，分別由10位性格不同的豆豆好友團團員擔當主角。孩子透過他們的經歷，可以進一步認識自己、了解他人，嘗試明白並接納不同人的性格特點，學習以正向的態度發揮所長、擁抱自己的不完美，以及面對各種困難，積極樂觀地成長。

豆豆好友團介紹

跳跳豆

糖糖豆

哈哈豆

小紅豆

皮皮豆

胖胖豆

力力豆

博士豆

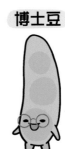

火火豆

脆脆豆

齊來認識本冊的主角吧！

哈哈豆

- 性格隨和，愛笑
- 班裏的「冒失鬼」
- 做事粗心大意

新雅・點讀樂園 升級功能

　　本系列屬「新雅點讀樂園」產品之一，若配備新雅點讀筆，爸媽和孩子可以使用全書的點讀和錄音功能，聆聽粵語朗讀故事、粵語講故事和普通話朗讀故事，更可錄下爸媽和孩子的聲音來說故事，增添親子閱讀的趣味！

　　家長如欲另購新雅點讀筆，或想了解更多新雅的點讀產品，請瀏覽新雅網頁(www.sunya.com.hk)。

如何使用新雅點讀筆閱讀故事？

1. 下載本故事系列的點讀筆檔案

1. 瀏覽新雅網頁(www.sunya.com.hk) 或掃描右邊的QR code 進入 新雅・點讀樂園 。

2. 點選 下載點讀筆檔案 ▶ 。

3. 依照下載區的步驟說明，點選及下載《小跳豆做最好的自己故事系列》的點讀筆檔案至電腦，並複製至新雅點讀筆的「BOOKS」資料夾內。

2. 啟動點讀功能

開啟點讀筆後，請點選封面右上角的 新雅・點讀樂園 圖示，然後便可翻開書本，點選書本上的故事文字或圖畫，點讀筆便會播放相應的內容。

3.選擇語言

如想切換播放語言，請點選內頁右上角的 粵 ☆ 普 圖示，當再次點選內頁時，點讀筆便會使用所選的語言播放點選的內容。

4.播放整個故事

如想播放整個故事，請直接點選以下圖示：

5.製作獨一無二的點讀故事書

爸媽和孩子可以各自點選以下圖示，錄下自己的聲音來說故事！

① 先點選圖示上 爸媽錄音 或 孩子錄音 的位置，再點 OK，便可錄音。

② 完成錄音後，請再次點選 OK，停止錄音。

③ 最後點選 ▶ 的位置，便可播放錄音了！

④ 如想再次錄音，請重複以上步驟。注意每次只保留最後一次的錄音。

爸媽請使用
這個圖示錄音

孩子請使用
這個圖示錄音

哈哈豆搬新家了。
鄰居番茄叔叔很友善,
主動過來幫忙。
「哈哈豆,歡迎你們!」
番茄叔叔說。

7

哈哈豆做事馬虎，
凡事差不多就算。
他家的窗簾一邊長一邊短，
牆上的時鐘掛歪了，
連餐桌上的桌布也鋪反了。

哈哈豆把新居收拾妥當後，
打算請豆豆們來玩。
他在邀請卡上寫道：
「誠邀你於星期二來我的
新家開派對。」

跳跳豆收到邀請卡，説：
「一年有五十二個星期二，
究竟是哪個星期二？」

力力豆收到邀請卡，說：
「一天有二十四小時，
派對究竟什麼時候開始？」

小紅豆收到邀請卡，説：
「哈哈豆的新家究竟在哪裏？」
豆豆們都想出席派對，
但大家都弄不清楚日期、時間和
地點啊。

到了派對那天，
哈哈豆一大早就到市場買菜。
「哈哈豆，你今天怎麼買
這麼多菜？」青瓜阿姨問。
「我今天請朋友來家裏
開派對呢。」哈哈豆說。

哈哈豆忙碌了一個上午，
準備了滿桌食物。
可是，他由上午十一時
等到下午五時，
一個朋友都沒有出現。

「鈴鈴——」，門鈴響了，
豆豆們終於來了。
本來十分失望的哈哈豆，
馬上高興起來。
「我還以為你們不來派對呢。」
哈哈豆說。

博士豆說：「你沒有在邀請卡上
寫清楚日期和時間。
幸好我剛才遇見青瓜阿姨，
她說你今天要開派對。」

「對呀！我和跳跳豆前來的時候，
要不是在路上碰見番茄叔叔，
也不知道你的新家就在他隔壁。」
糖糖豆説。

雖然上午派對變成黃昏派對，
但是豆豆們一樣吃得滋味，
笑得開心，玩得高興。

這天，哈哈豆想約豆豆們
到公園玩。
你猜豆豆們能準時集合嗎？

小跳豆做最好的自己故事系列

什麼都差不多的哈哈豆

作者：袁妙霞

繪圖：Rara Rin

策劃：黃花窗

責任編輯：黃偲雅

美術設計：劉麗萍

出版：新雅文化事業有限公司

香港英皇道499號北角工業大廈18樓

電話：（852）2138 7998

傳真：（852）2597 4003

網址：http://www.sunya.com.hk

電郵：marketing@sunya.com.hk

發行：香港聯合書刊物流有限公司

香港荃灣德士古道220-248號荃灣工業中心16樓

電話：（852）2150 2100

傳真：（852）2407 3062

電郵：info@suplogistics.com.hk

版次：二〇二三年六月初版